FULL SCORE
ECF-0042

「子供のためのアルバム」より
From "Album for the Young"

作曲：ピョートル・チャイコフスキー　編曲：三浦秀秋
Peter Ilyich Tchaikovsky　Arr. by Hideaki Miura

フレックス3重奏
管楽器3パート
Flex Ensemble (3 Parts)

- Part 1 … B♭ Clarinet / Alto Saxophone / B♭ Trumpet
- Part 2 … B♭ Clarinet / Tenor Saxophone / F Horn
- Part 3 … Bassoon / Bass Clarinet / Baritone Saxophone / Trombone / Euphonium

---

■編成について

演奏の参考になるよう【奨励編成】をいくつか提示しています。奨励編成を基準とした上で、不足楽器を該当パートの他楽器に入れ替えて編成を組むと演奏しやすいでしょう。また、奨励編成に限らず、フレックスという言葉が意味するように、奏者それぞれで独自性のある編成を考えて、独創性に富んだアンサンブル表現を創り出してみるのも良いでしょう。その際、音量のバランスに気を配ることを忘れないでください。

【奨励編成】　Part 1 / Part 2 / Part 3 の順で表記しています。

(1) A.Sax. / T.Sax. / B.Cl.
(2) Cl. / Hrn. / Bsn.

【CD録音時編成】　Trp. / T.Sax. / Trb.

「子供のためのアルバム」より

フレックス3重奏
管楽器3パート

■編曲者コメント

　チャイコフスキーが1878年に、当時7歳になる彼の甥っ子のために作曲した、24曲からなるピアノ曲集です。今回はその中からアンサンブルとの親和性や曲全体を通しての構成の面白さを鑑みて、『ロシアの歌』『ポルカ』『古いフランスの歌』『魔女』の4曲を抜粋しました。

　本曲は技術的にはピアノ初級者でも演奏可能でありながら、彼ならではの和音、フレーズやロシア民謡の香りが感じられ、また転回形の和音の処理や対位法など、クラシックならではの「オイシイ」音楽技法が分かりやすく使われています。原曲のピアノ曲が元々3〜4声を使って書かれているので、ほぼそのままの形で原曲の魅力を味わえるアレンジになりました。しかし所々で、管楽器のアンサンブルで効果的な音になるよう、アーティキュレーションやボイシング、調性の変更を行いましたので、原曲と見比べてみるのも楽しいでしょう。

(by 三浦秀秋)

■編曲者プロフィール　三浦秀秋　Hideaki Miura

　1982年生まれ。東京都在住。中学・高校と吹奏楽部でトロンボーンを吹く傍ら作編曲に興味を持ち、次第にそちらの世界に踏み込むようになる。高校卒業後、専門学校東京ミュージック＆メディアアーツ尚美に入学し、作曲を川崎絵都夫、松尾祐孝の両氏に、ポピュラー・ジャズ理論を篠崎秀樹氏に師事。2004年3月、同校を卒業。現在オーケストラ、吹奏楽、各種商業音楽など幅広いジャンルに作・編曲をしている。

　最近の目立った仕事としては、京都市交響楽団＆加藤ミリヤ・オーケストラコンサートアレンジや、加藤登紀子シングルアレンジ、「ニュー・サウンズ・イン・ブラス」編曲参加など。現在、洗足学園音楽大学講師。

2003年、日本現代音楽協会「コントラバス・フェスタ」に公募入選、出品。
2004年、2005年、2013年、2017年、"響宴"に入選、出品。

From "Album for the Young" - 2

ポルカ
Polka

From "Album for the Young" - 3

古いフランスの歌
Old French Song

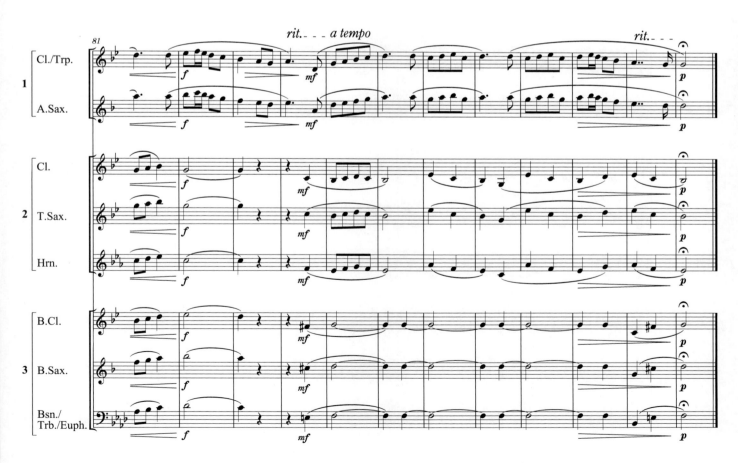

From "Album for the Young" - 6

魔女
The Witch

From "Album for the Young" - 7

From "Album for the Young" - 8

ご注文について

ウィンズスコアの商品は全国の楽器店、ならびに書店にてお求めになれますが、店頭でのご購入が困難な場合、当社WEBサイト・電話からのご注文で、直接ご購入が可能です。

◎当社WEBサイトでのご注文方法

http://www.winds-score.com

上記のURLへアクセスし、WEBショップにてご注文ください。

◎お電話でのご注文方法

TEL.0120-713-771

営業時間内に電話いただければ、電話にてご注文を承ります。

※この出版物の全部または一部を権利者に無断で複製（コピー）することは、著作権の侵害にあたり、著作権法により罰せられます。

※造本には十分注意しておりますが、万一、落丁・乱丁などの不良品がありましたらお取り替えいたします。また、ご意見・ご感想もホームページより受け付けておりますので、お気軽にお問い合わせください。

古いフランスの歌
Old French Song

魔女
The Witch